BEI GRIN MACHT SICH IHR WISSEN BEZAHLT

- Wir veröffentlichen Ihre Hausarbeit, Bachelor- und Masterarbeit

- Ihr eigenes eBook und Buch - weltweit in allen wichtigen Shops

- Verdienen Sie an jedem Verkauf

Jetzt bei www.GRIN.com hochladen und kostenlos publizieren

Bibliografische Information der Deutschen Nationalbibliothek:

Die Deutsche Bibliothek verzeichnet diese Publikation in der Deutschen Nationalbibliografie; detaillierte bibliografische Daten sind im Internet über http://dnb.d-nb.de/ abrufbar.

Dieses Werk sowie alle darin enthaltenen einzelnen Beiträge und Abbildungen sind urheberrechtlich geschützt. Jede Verwertung, die nicht ausdrücklich vom Urheberrechtsschutz zugelassen ist, bedarf der vorherigen Zustimmung des Verlages. Das gilt insbesondere für Vervielfältigungen, Bearbeitungen, Übersetzungen, Mikroverfilmungen, Auswertungen durch Datenbanken und für die Einspeicherung und Verarbeitung in elektronische Systeme. Alle Rechte, auch die des auszugsweisen Nachdrucks, der fotomechanischen Wiedergabe (einschließlich Mikrokopie) sowie der Auswertung durch Datenbanken oder ähnliche Einrichtungen, vorbehalten.

Impressum:

Copyright © 2017 GRIN Verlag
Druck und Bindung: Books on Demand GmbH, Norderstedt Germany
ISBN: 9783668660298

Dieses Buch bei GRIN:

https://www.grin.com/document/416203

Götz-Ulrich Luttenberger

Lässt sich die Sprache überlisten? Überlegungen zu Roland Barthes These von der faschistischen Sprache

GRIN Verlag

GRIN - Your knowledge has value

Der GRIN Verlag publiziert seit 1998 wissenschaftliche Arbeiten von Studenten, Hochschullehrern und anderen Akademikern als eBook und gedrucktes Buch. Die Verlagswebsite www.grin.com ist die ideale Plattform zur Veröffentlichung von Hausarbeiten, Abschlussarbeiten, wissenschaftlichen Aufsätzen, Dissertationen und Fachbüchern.

Besuchen Sie uns im Internet:

http://www.grin.com/

http://www.facebook.com/grincom

http://www.twitter.com/grin_com

Inhaltsverzeichnis

1. Von der Sprache als Ordnungsmacht und von der Literatur als List bei Roland Barthes .. 2
2. Ist Sprache wirklich faschistisch? 3
   - 2.1. Keine Sprache ohne Grammatikregeln 3
   - 2.2. Sprache macht frei 4
3. Gibt es eine machtfreie Rede? 4
   - 3.1. Idee der sogenannten „Gewaltfreien Kommunikation" 5
   - 3.2. Ist „Gewaltfreie Kommunikation" eine Antwort auf den ‚faschistischen Charakter' von Sprache? 5
4. Taugt die List der Literatur, um der Macht der Rede zu entkommen? 6
   - 4.1. Mathesis, Mimesis und Semiosis 6
   - 4.2. Sind Mathesis, Mimesis und Semiosis listig - oder ist es wenigstens listig, sich ihrer zu bedienen? 7
   - 4.3. Kann Sprache sich selbst befreien? 8
5. Alle Macht der Literatur macht nichts 9

Literaturverzeichnis 10

1. Von der Sprache als Ordnungsmacht und von der Literatur als List bei Roland Barthes

Roland Barthes war ein französischer Philosoph und Literat des letzten Jahrhunderts. Von ihm stammt die provokante These, dass Sprache „weder reaktionär noch progressiv" ist; „sie ist ganz einfach faschistisch"[1]. Das leitet er in seiner Antrittsvorlesung am Collège de France nicht aus den Inhalten ab, die mittels Sprache transportiert werden. Sondern es ist die Struktur der Sprache, an der Barthes deren Macht begründet sieht[2].

Unter Berufung auf Roman Jacobson betont er den syntaktischen Zwang der Sprache, die zum Beispiel einem Franzosen lediglich die beiden Genera maskulin und feminin zu verwenden erlaubt und ihm das Neutrum verbietet. Denn anders als im Deutschen und Lateinischen stellt das Französische ein drittes Genus erst gar nicht zur Verfügung[3]. Bei Barthes ist „die gesamte Sprache [...] eine verallgemeinerte Rektion", womit er die allumfassende Macht der Sprache über ihre Nutzer unterstreicht. Sie schafft durch Klassifizierung die Ordnung, der jeder und alles unterworfen ist[4].

Sprachliche Zeichen existieren nur insoweit, als sie die Sprachgemeinschaft akzeptiert und verwendet. Ein Sprecher bedient sich also immer nur vorhandener Stereotypen, die er durch sein ständiges
Wiederholen weiter verfestigt[5]. Für Barthes kommt es aber noch schlimmer, weil es in der Sprache kein Außerhalb gibt, und man als Sprecher der Struktur der Sprache nicht entrinnen kann[6].

Und doch, so meint Barthes, könne man mit einer List aus diesem Teufelskreis der Macht in den „Glanz einer permanenten Revolution der Rede" entfliehen. Die nennt Barthes „Literatur"[7]. Man fühlt sich unmittelbar an Heidegger erinnert, der „Die Befreiung der Sprache aus der Grammatik" mit „Denken und Dichten" bewerkstelligen will[8].

---

[1] Barthes, Roland: Leçon/Lektion. Übersetzt von Helmut Scheffel. Frankfurt am Main 1980. Seite 19.
[2] Barthes, Roland: ibidem.
[3] Barthes, Roland: ibidem. Seite 17.
[4] Barthes, Roland: ibidem.
[5] Barthes, Roland: ibidem. Seite 21.
[6] Barthes, Roland: ibidem.
[7] Barthes, Roland: ibidem.
[8] Heidegger, Martin: Brief über den Humanismus. in Gesamtausgabe, Band 9, Wegmarken. Frankfurt am Main 1976. Seite 314.

Allerdings stellt sich die Frage, ob die Sprache sich tatsächlich mittels Literatur überlisten lässt, so wie Roland Barthes sich das vorstellt. Als Vorfrage ist dabei zu klären, ob es dieser List überhaupt bedarf; das wäre nämlich nicht der Fall, wenn die Sprache entgegen Barthes nicht faschistisch, kein Gefängnis – also kein „geschlossener Ort" wäre.

Ich kann mich dieser letztgenannten These Barthes nur halbherzig anschließen und bin nur eingeschränkt vom faschistischen Charakter der Sprache überzeugt. Es spricht vielmehr Einiges dafür, dass Sprache im Gegenteil frei macht. Unter diesem Gesichtspunkt wäre eine Befreiung der Sprache erst gar nicht erforderlich.

Aber selbst wenn man Roland Barthes folgt, kann man die Macht der Sprache jedenfalls nicht mittels Literatur überlisten. Von diesen Fragen wird nachfolgend die Rede sein.

2. Ist Sprache wirklich faschistisch?

Lässt man sich auf die Gedankengänge von Roland Barthes über den Zwang sprachlicher Strukturen ein, dann kann man ihm zwar zu seiner These vom „Diskurs der Macht" folgen. Zumindest ist seine Schlussweise insoweit konsistent. Indes lässt sich das Gegenteil, nämlich dass erst die Sprache dem Menschen zur Freiheit verhilft mindestens genauso gut begründen:

2.1. Keine Sprache ohne Grammatikregeln

Recht betrachtet, läuft Roland Barthes These, ein Sprecher unterliege wie ein Knecht der Herrschaft der Zeichen"[9], auf eine Tautologie hinaus. Denn spätestens seit Wittgenstein wissen wir, dass der Gebrauch von Sprache nach Regeln abläuft wie in einem Schachspiel[10]. Ohne regelmäßigen Gebrauch gibt es keine Sprache; die Regelmäßigkeit ist eines ihrer konstitutiven Merkmale. Ohne Regelkonformität können wir Sprache erst gar nicht benutzen.

Es ist so wie beim Fußballspielen: Wer sich dessen Regeln insistierend verweigert, spielt überhaupt nicht Fußball, weil ihn die anderen Spieler oder der Schiedsrichter des Platzes verweisen. Das lässt sich verallgemeinern: Wer zum Malen Pinsel und Farbe ausschlägt, malt nicht; wer als Programmierer keinen maschinenlesbaren Code fabriziert, ist kein Programmierer.

---

[9] Barthes, Roland: ibidem.
[10] Wittgenstein, Ludwig: Philosophische Untersuchungen. Oxford und Malden, Massachusetts 1999. § 108.

Und genauso wenig findet Sprache statt, wenn sie nicht nach syntaktischen Regeln gebraucht wird. Das als faschistisch zu brandmarken ist so abwegig, wie zu beklagen, dass der Mensch – wie alles außer Gott – ein beschränktes Wesen ist. Eine seiner Beschränkungen mag die Angewiesenheit auf Sprache sein; deshalb gilt: „Menschen sind sprachliche Wesen, also Wesen, die Sprache benötigen, um überhaupt zu existieren"[11].

2.2. Sprache macht frei

Jedenfalls die Biologen sehen in der menschlichen Sprache das Kriterium schlechthin, das das Denken des homo sapiens vom Objekt, von Ort und Zeit unabhängig macht[12]. Insofern befreit die Sprache den Menschen aus der Gefangenschaft der örtlichen und zeitlichen Gegenwart. Dagegen ist die von den Tieren verwendete „Signalsprache"[13] im Hier und Jetzt gefangen. Erst die menschliche „Symbolsprache"[13] vermag räumliche und zeitliche Distanzen zu überwinden. Erst sie ermöglicht auch die Benennung – oder gar Erfindung – von Abstraktions- und Metaebenen.

Allein die Syntax - auch des Französischen - eröffnet die ‚eigentlich undenkbare Freiheit' das Unmögliche zu denken. So kann man sich zum Beispiel im Irrealen mittels des *conditionnel passé* bewegen – ein Unterfangen, das ohne die ‚faschistische Macht' der Sprache nicht existierte. Denn wer den sprachlichen Irrealis nicht beherrscht, dem bleiben hypothetische Ausflüge in eine Welt außerhalb unserer fünf Sinne versagt.

3. Gibt es eine machtfreie Rede?

Gesteht man Roland Barthes entgegen der hier vertretenen Auffassung zu, dass die Rede ihre Sprecher und Hörer dem Joch der Syntax und der Ordnung unterwirft, so stellt sich die Frage nach einem Ausweg. Kann man sich also der Sprache bedienen, ohne die von Barthes apostrophierte Rede der Herrschaft und Sklaverei zu verwenden? Ich bestreite das; aber es gibt auch andere Stimmen.

---

[11] Butler, Judith: Excitable Speech|A Politics of the Performative. Eigene Übersetzung aus dem Amerikanischen. New York & London 1997. Seiten 1f.
[12] Vergleiche zum Beispiel Sessiaschwili, Tamila: Tierisches Kommunikations- und menschliches Sprachvermögen im Vergleich. in Biologische und soziale Grundlagen der Sprache. Herausgegeben von Peter Suchsland. Tübingen1992. Seite 127.
[13] Sessiaschwili, Tamila: ibidem.

3.1. Idee der sogenannten „Gewaltfreien Kommunikation"

Der Begriff stammt von Rosenberg[14], der zunächst unter Verweis auf eine sprachvergleichende Untersuchung von Harvey, Universität Colorado, einen Zusammenhang zwischen der Häufigkeit von sprachlichen Werturteilen und Gewalttaten in der jeweiligen Sprachgemeinschaft feststellt[15]. Rosenberg behauptet, wir haben

„... *eine Sprache geerbt, die Königen und Königinnen und Machteliten in dominanzorientierten Gesellschaftssystemen diente.*"[16]

Die Lösung sieht er in einer Kommunikation, die sich von moralischen Urteilen frei macht und sich stattdessen emphatisch auf die Mitteilung von eigenen Bedürfnissen verlegt. Damit fällt man keine ‚objektiven' Urteile über den Gesprächspartner mehr, sondern verleiht lediglich seiner ‚subjektiven' Gefühlswelt Ausdruck. So verzichtet man auf den Machtanspruch moralischer Werturteile und teilt stattdessen weniger verletzend das eigene Befinden und seine persönlichen Wertvorstellungen[17] mit. Nach Rosenberg ist das der Königsweg zu einer „Gewaltfreien Kommunikation".

3.2. Ist „Gewaltfreie Kommunikation" eine Antwort auf den ‚faschistischen Charakter' von Sprache?

Unterstellt, die ‚Methode Rosenberg' würde tatsächlich zu weniger physischer Gewalt führen, wäre damit die These Roland Barthes entkräftet? Wäre Barthes widerlegt, weil Sprache nicht von vornherein und unter allen Umständen ein „Diskurs der Macht" wäre? Immerhin könnte man zeigen, dass Sprache als Kommunikationsmittel ‚auch anders kann', weil negative Werturteile über den Gesprächspartner vermieden werden.

Für Barthes wäre die „Gewaltfreie Kommunikation" in diesem Sinne freilich kein Ausweg. Nach wie vor wäre er nämlich in der Syntax (des Französischen) gefangen; noch immer gäbe es kein drittes Genus, das ihn das Neutrum unmittelbar benutzen ließe. Und Sprache wäre weiterhin ein ‚closed shop', den zu verlassen mittels Sprache ein Ding der Unmöglichkeit bliebe.

Die Macht des Diskurses ist bei Barthes in erster Linie eine strukturelle Macht, die Abgrenzungen, Ordnungen und Klassifizierungen schafft. An dieser Struktur ändert Rosenberg gar

---

[14] Rosenberg, Marshall B.: Gewaltfreie Kommunikation. Aus dem Amerikanischen von Ingrid Holler. Paderborn 2010.
[15] Rosenberg, Marshall B.: ibidem. Seite 37.
[16] Rosenberg, Marshall B.: ibidem. Seite 191.
[17] Rosenberg, Marshall B.: ibidem. Seite 36.

nichts, ja sie wird bei ihm nicht einmal thematisiert. Seine Herangehensweise ist eher semantisch und pragmatisch, wenn er an Stelle von Werturteilen für den Ausdruck von Bedürfnissen plädiert. Auch insofern gibt es kein Entrinnen aus dem ‚Gefängnis der Sprache' und am „Herdenhaften" sprachlicher Zeichen ändert sich ebenfalls nichts.

4. Taugt die List der Literatur, um der Macht der Rede zu entkommen?

Nach den bisherigen Untersuchungen erscheint der ‚faschistische Charakter' von Sprache zumindest zweifelhaft. Unterstellt man ihn jedoch als gegeben, so sind Versuche wie die „Gewaltfreie Kommunikation" allerdings nicht geeignet, ihn zu überwinden. Sie ändern nämlich nichts daran, wie die Rede uns vorherbestimmt, auf welche Weise wir die Welt begreifen. Deshalb stellt sich nun die Frage, ob die Literatur in der Lage ist – so wie es Roland Barthes angibt –, die Sprache in dieser Hinsicht zu überlisten.

Dazu werde ich zunächst zeigen, welche drei Kräfte der Literatur nach Barthes zukommen. Es sind das Mathesis, Mimesis und Semiosis[18].

4.1. Mathesis, Mimesis und Semiosis

Laut Barthes offenbart die Literatur „sehr viel Wissen". Weil sie alle Wissensfakultäten in sich vereinigt, ist Literatur „absolut und kategorisch realistisch": „sie ist die Realität"[19]. Das meint er mit dem Begriff der „Mathesis". Diese Realität benötigt nach Barthes „... des Salzes der Wörter. Der Geschmack der Wörter macht das Wissen tief und fruchtbar"[20], weil die Literatur niemals einen Wissensbereich „fixiert und fetischisiert"[21]. Die Literatur könnte demnach die fixe Beziehung zwischen signifiant und signifié, wie sie de Saussure beschreibt[22], wohl lockern, aber wohl nicht komplett auflösen.

Als „Mimesis" bezeichnet Barthes die immer wieder von neuem zum Scheitern verurteilten Versuche der Literatur, die mehrdimensionale Wirklichkeit in eindimensionaler Rede perfekt abzubilden[23]. Diese utopischen, niemals enden wollenden Darstellungsbemühungen des Men-

---

[18] Barthes, Roland: ibidem. Seite 25.
[19] Barthes, Roland: ibidem. Seite 27.
[20] Barthes, Roland: ibidem. Seite 31.
[21] Barthes, Roland: ibidem. Seite 27.
[22] de Saussure, Ferdinande: Grundfragen der allgemeinen Sprachwissenschaft; in Sprachwissenschaft Ein Reader, herausgegeben von Ludger Hoffmann. Berlin/New York 2010. Seite 49.
[23] Barthes, Roland: ibidem. Seite 33.

schen, die „fundamentale Nicht-Adäquatheit von Rede und Wirklichem"[24] in Übereinstimmung zu bringen, produziert laufend neue Literatur.

Als dritte Kraft der Literatur macht Barthes ihre „semiotischen" Qualität aus, die „darin besteht, die Zeichen eher zu *spielen* als sie zu zerstören"[25]. Darunter ist eine „anarchische Dimension" der Literatur zu verstehen, die die Lust des Autors[26] in seinem Werk aufgehen lässt[27].

4.2. Sind Mathesis, Mimesis und Semiosis listig - oder ist es wenigstens listig, sich ihrer zu bedienen?

Ursprünglich trat Barthes mit der Behauptung an: „die gesamte Sprache ist eine verallgemeinerte Rektion"[28]. Das heißt, so wie jedes Verb den Kasus seines Subjekts und Objekts dirigiert, so bestimmt die Rede zum Beispiel den Platz, die Form, das Genus, das Tempus, den Aspekt, den Modus jedes einzelnen ihrer Elemente. Die Kräfte der Literatur ändern daran allerdings eher wenig. Man hat vielmehr den Eindruck, die signifiants der von Barthes postulierten Literatur liefern keine ‚exakten' Abbilder ihrer signifiés, sondern sie rufen statt dessen verschwommen schemenhafte Vorstellungen hervor, die aber gleichwohl noch assoziativ oder metaphorisch auf den Kern dieser signifiés zurückzuführen sind.

Die Zahl der möglichen Deutungen literarischer Werke wächst im Extremfall bis Sprecher und Hörer sich nicht mehr verstehen. Das geht gegebenenfalls einher mit einem künstlerisch poetisch gewollten Entzug der Realität. Hier bewegen wir uns aber nicht mehr ausschließlich in der Welt der Sprache sondern haben es letzten Endes mit Kunst zu tun, wo wir nicht Botschaften austauschen sondern uns der Ästhetik hingeben. Nur, was soll an dieser Metamorphose sprachlicher Verwendung listig sein?

---

[24] Barthes, Roland: ibidem.
[25] Barthes, Roland: ibidem. Seite 41.
[26] Vergleiche dazu auch Barthes, Roland: Le plaisir du texte. Paris 2002.
[27] Schmitt, Axel: Von Schwelle zu Schwelle. in Vom Nutzen und Nachteil der Theorie für die Lektüre. Herausgegeben von Tim Lorke und Christian Müller. Würzburg 2006. Seite 93.
[28] Barthes, Roland: ibidem. Seite 19.

4.3. Kann Sprache sich selbst befreien?

Nur unter dem Verlust der Funktion der Rede kann Literatur die Restriktionen der Sprache überwinden. Das ist allerdings eine Binsenweisheit: Wer nicht spricht, unterliegt auch nicht den Ge- und Verboten der Grammatik. So ‚überwindet' man nicht die Macht der Sprache, sondern man weicht ihr aus.

Literatur auch in dem Sinne, wie sie Barthes versteht, bedient sich jedenfalls der Sprache und kann auf sie nicht verzichten. Wenn nun aber die Sprache ihrerseits nicht ohne Regeln – das sind die Machtstrukturen beziehungsweise das Faschistische bei Barthes - funktioniert, geht es auch in der Literatur ohne Macht nicht aus. Selbstverständlich kann die Sprache ihrerseits Gegenstand der Literatur sein: In der Sprache kann man über Sprache reden, just so, wie das in diesem Essay geschieht.

Damit ist es möglich, die Mechanismen der Sprache offenzulegen und die Barthschen Machstrukturen der Sprache zu demaskieren. An ihnen selbst und ihrem Einfluss auf Sprecher und Hörer kommt man dennoch nicht vorbei.

5. Alle Macht der Literatur macht nichts

Ich habe dafür plädiert, dass entgegen Roland Barthes die Sprache gerade keine faschistischen Züge trägt, sondern den Menschen eher über die anderen Geschöpfe erhebt, weil ihre Symbolsprache so viel mächtiger ist als deren Signalsprache. Sprache macht deshalb frei.

Gesteht man dagegen Barthes zu, dass wir uns in der Sprache nur wie Gefangene in einem abgeschlossenen Ort bewegen können, dann ist das aber auch so. Einen Fluchtweg aus der Falle hat Barthes zwar behauptet, aber nie bewiesen. Seine drei literarischen Kräfte Mathesis, Mimesis und Semiosis können den syntaktischen Machtstrukturen der Rede nicht in die Parade fahren.

Weder Literatur noch Literaten sind per se listig. Sie mögen künstlerische Züge tragen und legen deshalb insoweit tatsächlich die Fesseln der Grammatik ab – das jedoch um den Preis dessen, was Sprache ursprünglich ausmacht, nämlich des besten und mächtigsten Instruments, sich seinen Mitmenschen verlässlich mitzuteilen.

Literaturverzeichnis

Barthes, Roland: Leçon/Lektion. Übersetzt von Helmut Scheffel. Frankfurt am Main 1980.

Barthes, Roland: Le plaisir du texte. Paris 2002.

Butler, Judith: Excitable Speech|A Politics of the Performative. New York & London 1997.

Heidegger, Martin: Brief über den Humanismus. in Gesamtausgabe, Band 9, Wegmarken. Frankfurt am Main 1976.

Rosenberg, Marshall B.: Gewaltfreie Kommunikation. Aus dem Amerikanischen von Ingrid Holler. Paderborn 2010.

de Saussure, Ferdinande: Grundfragen der allgemeinen Sprachwissenschaft; in Sprachwissenschaft Ein Reader, herausgegeben von Ludger Hoffmann. Berlin/New York 2010.

Schmitt, Axel: Von Schwelle zu Schwelle. in Vom Nutzen und Nachteil der Theorie für die Lektüre. Herausgegeben von Tim Lorke und Christian Müller. Würzburg 2006.

Sessiaschwili, Tamila: Tierisches Kommunikations- und menschliches Sprachvermögen im Vergleich. in Biologische und soziale Grundlagen der Sprache. Herausgegeben von Peter Suchsland. Tübingen 1992.

Wittgenstein, Ludwig: Philosophische Untersuchungen. Oxford und Malden, Massachusetts 1999.

BEI GRIN MACHT SICH IHR WISSEN BEZAHLT

- Wir veröffentlichen Ihre Hausarbeit, Bachelor- und Masterarbeit
- Ihr eigenes eBook und Buch - weltweit in allen wichtigen Shops
- Verdienen Sie an jedem Verkauf

Jetzt bei www.GRIN.com hochladen und kostenlos publizieren